Yo opino...
¿Qué opinas de "Los tres cerditos"?

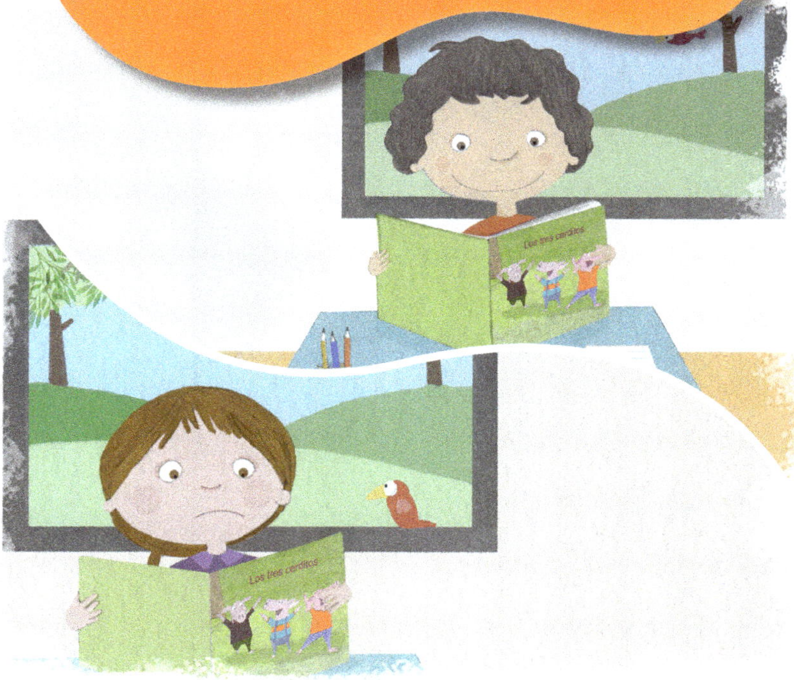

Andrés Pi Andreu
Ilustraciones de **Cecilia Rébora**

Me gusta

Carlos, 6 años

"Los tres cerditos" es mi cuento preferido.

Me gusta porque es cómico. Además, los dibujos son muy entretenidos.

Todos los cerditos son inteligentes. Son increíbles porque construyen casas.

Las casas son grandes y bonitas.

El lobo es muy feroz. Es malo porque quiere comerse a los cerditos. Además, dice mentiras.

El final del cuento es muy divertido.
Me gusta porque los buenos ganan.
¡Me parece una gran historia!

No me gusta

Isabel, 6 años

No me gusta el cuento "Los tres cerditos". Es triste.

Además, los dibujos son aburridos.

El cerdito mayor es inteligente y trabajador.

Los otros cerditos son tontos porque construyen casas que se rompen fácilmente.

El lobo no es malo. Todos los lobos comen carne y cerditos. El lobo está enojado porque tiene hambre.

El final es triste. No me gusta este cuento porque el lobo y los cerditos son enemigos.

Podemos escribir un final distinto:

"Los cerditos y el lobo son amigos porque se ayudan mutuamente".

© 2021, Vista Higher Learning, Inc.
500 Boylston Street, Suite 620.
Boston, MA 02116-3736
www.vistahigherlearning.com
www.loqueleo.com/us

© Del texto: 2021, Andrés Pi Andreu

Dirección Creativa: José A. Blanco
Director Ejecutivo de Contenidos e Innovación:
   Rafael de Cárdenas López
Desarrollo Editorial: Lisset López, Isabel C. Mendoza
Diseño: Paula Díaz, Daniela Hoyos, Radoslav Mateev,
   Gabriel Noreña, Andrés Vanegas
Coordinación del proyecto: Brady Chin, Tiffany Kayes
Derechos: Jorgensen Fernandez, Annie Pickert Fuller
Producción: Oscar Díez, Sebastián Díez, Andrés Escobar,
   Daniel Lopera, Adriana Jaramillo, Daniela Peláez
Ilustraciones: Cecilia Rébora

¿Qué opinas de "Los tres cerditos"?
ISBN: 978-1-54333-349-7

Todos los derechos reservados. Esta publicación no puede ser reproducida, ni en todo ni en parte, ni registrada en o transmitida por un sistema de recuperación de información, en ninguna forma ni por ningún medio, sea mecánico, fotoquímico, electrónico, magnético, electroóptico, por fotocopia o cualquier otro, sin el permiso previo, por escrito, de la editorial.

Published in the United States of America

1 2 3 4 5 6 7 8 9 GP 26 25 24 23 22 21

www.ingramcontent.com/pod-product-compliance
Lightning Source LLC
Chambersburg PA
CBHW040008080526
44586CB00027B/2921